EMOTIONALE INTELLIGENZ

Wie du die Kontrolle über dein Glück zurückgewinnst

Fabian Wollschläger

Impressum

©Fabian Wollschläger 2017
1. Auflage
ISBN: 9781549507458
Independently published
Alle Rechte vorbehalten.
Nachdruck, auch auszugsweise, verboten.
Kein Teil dieses Werkes darf ohne schriftliche Genehmigung des Autos in irgendeiner Form reproduziert, vervielfältigt, oder verbreitet werden.
Kontakt: Lioba Geerling/Hoher Weg 64/46446 Emmerich
Covergestaltung: Fabian Graham

WIDMUNG

Dieses Buch widme ich Dir und Deiner Einzigartigkeit

INHALT

Danksagung

1	Vorwort	3
2	Superkräfte haben ihren Ursprung nicht in Hollywood	4
3	Was ist überhaupt emotionale Intelligenz?	9
4	Zwei missverstandene Zwillinge	15
5	Die 4 Phasen zu menschlichem Reichtum und wie du sie meisterst	23
6	Phase 1	25
7	Phase 2	32
8	Phase 3	34
9	Phase 4	39
10	Der Weg beginnt...	55
11	Bonus	59

DANKSAGUNG

Ich danke meiner Zwillingsflamme und meiner Mutter

VORWORT

Dieses Buch dient als Ratgeber zur Steigerung der emotionalen Intelligenz und als Reiseführer, der dich während der Entdeckung deines natürlichen Potentials begleiten soll.

Darüber hinaus ist es mir sehr wichtig, dir damit zu danken und dich hoffentlich dazu bewegen zu können, dir selbst zu danken und deine Einzigartigkeit anzuerkennen.

Dass du diese Zeilen liest, beweist, dass du dich mit deiner Entwicklung befasst und ein Suchender bist. Dass du bestehende Strukturen und Denkmuster hinterfragst. Dass du bereit bist, versperrende Blockaden zu beseitigen und den Mut besitzt hinter die Fassaden zu blicken.

In meinen Augen bist du damit ein Weltverbesserer.

Hiermit danke ich dir von ganzem Herzen dafür, dass es dich gibt.

Dein Fan

Fabian

SUPERHELDEN HABEN IHREN URSPRUNG NICHT IN HOLLYWOOD

Welcher Superheld ist dein Lieblingsheld?

Batman? The Flash? Doctor Strange?

Jeder Mensch kennt mindestens einen Superhelden und wir alle haben einen Helden, mit dem wir uns am besten identifizieren können. Mit Sicherheit hast auch du dir schon einmal vorgestellt, wie es wäre, wenn du die Fähigkeiten deines Lieblingshelden beherrschen würdest.

Spiderman kann Wände hochklettern und wie eine Spinne Fäden aus seinen Handgelenken schießen. Superman kann fliegen. Hulk ist unglaublich stark und Wolverine hat scharfe Messer zwischen seinen Knöcheln.

Wenn du irgendeine Superhelden Fähigkeit beherrschen könntest, für welche würdest du dich entscheiden?

Die typischen Antworten auf diese fiktive Frage variieren bereits stark. Viele denken zuerst an das Fliegen, andere wollen unvorstellbare Muskelkraft und wiederum andere wünschen sich die Macht, die Materie beherrschen zu können. Der Fantasie sind in einem solchen Szenario keine Grenzen gesetzt.

Doch leider bleiben solche Superkräfte auch genau das...

Fantasie.

Oder etwa nicht?

Wieso stelle ich überhaupt diese Frage in einem Buch, dass doch eigentlich das Thema "Emotionale Intelligenz" behandeln soll?

Eine weitere der typischen Antworten auf die oben genannte Frage habe ich dir vorenthalten. Vielleicht hast du ja bereits an sie gedacht oder wünscht sie dir sogar insgeheim. Es ist die Fähigkeit, die Gedanken und Emotionen anderer Menschen lesen und steuern zu können. Prophezeien zu können, was sie denken und ihr Denken zu bestimmen. Diese Fähigkeit löst eine mögliche Kette von weiteren Fähigkeiten aus. Wenn du die Denkmuster deines Gegenüber genau kennst, dann kannst du ebenfalls ableiten, wie er handeln wird. Dadurch kannst du sein Handeln beeinflussen und bereits präventiv indirekt vorbestimmen. Bösewichte würden in diesem Zusammenhang auch von "manipulieren", statt "beeinflussen" sprechen. Deine Mitmenschen würden offenen Büchern gleichen, wenn du diese Fähigkeit besitzen würdest. Du könntest deine Mitmenschen besser verstehen und das, was sie durch Worte, Mimik und Gestik äußern, präziser deuten. Du könntest bewusster auf ihre Gedanken und Gefühle eingehen und würdest somit nicht nur mehr Sympathie und Anerkennung gewinnen, sondern ihnen auch helfen, ihre eigenen negativen Emotionen positiv umzuwandeln und ihr Leben maßgeblich zu verbessern, indem du ihnen ihrem Schmerz nimmst. Genauso erstrebenswert wie eine Kontrolle über die Gefühle deiner Mitmenschen wäre, so wünschenswert wäre sie auch hinsichtlich deiner eigenen Gefühle. In der heutigen Welt sind wir wie Sklaven unseren Gefühlen ausgesetzt. Als ewig Wartende scheint Glückseligkeit für uns heute wie eine Fiktion, dabei könnten wir durch eine Kontrolle unserer Gefühle auch unser Glück wie auf Abruf bei Bedarf "aktivieren". Da unser Leben neben einem reinen Überleben hintergründig immer auf das Erleben von Glücksgefühlen ausgelegt ist, erscheint diese Fähigkeit wie die mächtigste von allen.

Hast du dich schon einmal gefragt, worin der Sinn deines Lebens besteht? Für die einen ist es ein erfülltes Leben zu führen. Andere wünschen sich die physische Welt mit einem größtmöglichen Mehrwert zu verlassen. Etwas wie ein universeller Sinn des Lebens existiert nicht, denn er ist genauso individuell wie du. Nehmen wir einmal an, dein Ziel wäre sowohl ein erfülltes Leben zu führen, als auch die Welt mit wesentlich mehr zu verlassen, als du ihr genommen hast. Emotionale Intelligenz bildet eine mögliche Symbiose zwischen diesen beiden Zielen. Mit einer Kontrolle über Emotionen wärst du dazu in der Lage, sowohl dir, als auch deinen Mitmenschen, einen unmessbaren Wert zu schenken.

Vermutlich kannst du bereits erahnen worauf ich hinaus will und wieso ich dir anfangs die Frage nach deinen

Lieblingshelden gestellt habe.

Der Mensch, der durch emotionale Intelligenz eigene sowie fremde Gefühle verstehen, deuten und kontrollieren kann, besitzt eine Art Superkraft. Es ist ein psychologisches Gebiet, in dem vermeintliche Fiktion ihre Grenzen überschreitet und real wird.

Doch alle Superkräfte teilen sich einen riesigen Nachteil: Entweder musst du mit dieser Fähigkeit geboren sein, oder dir muss irgendetwas Extremes widerfahren, damit sie aktiviert wird. Superman wurde zum Beispiel mit seiner Stärke geboren. Spiderman wurde von einer genmanipulierten Spinne gebissen.
Wenn du dir eine Superhelden Fähigkeit wünschst, musst du dich scheinbar zwischen einer Geburt in einem neuen Körper und einem extremen Unfall entscheiden. Willst du nun einfach hoffnungsvoll auf dein neues Leben warten, oder begibst du dich in die Untergrundlabore dieser Welt und fällst dort versehentlich in ein Becken voll von mysteriösen Substanzen?

Keine Sorge, die gute Nachricht lautet: Nüchtern betrachtet ist emotionale Intelligenz weniger eine Superkraft und viel mehr eine Fähigkeit, die auch in dir bereits steckt. Du benötigst keine Neugeburt und keinen Unfall. Sie muss lediglich **reaktiviert** werden. Sie ist nicht einigen Auserwählten "gottgegeben". Du besitzt bereits emotionale Intelligenz. Nur vermutlich nicht in dem Grad, indem du sie gerne besitzen würdest, um

"Gedanken lesen" oder "Emotionen kontrollieren" zu können. Und genau dieser Grad lässt sich durch die schrittweise Bewusstwerdung deines unendlichen Potentials reaktivieren bzw. erhöhen. Du kannst zwar durch hohe emotionale Intelligenz nicht wahllos jeden Gedanken jedes Menschen lesen oder jede Emotion steuern. Doch es ist dadurch einfacher eigene und fremde Verhaltensmuster korrekt zu deuten und diese Deutung dann wiederum positiv zu nutzen und umzuwandeln.

WAS IST ÜBERHAUPT EMOTIONALE INTELLIGENZ

Die Definition des Terminus "emotionale Intelligenz" ist nicht eindeutig geregelt und erlaubt verschiedene Möglichkeiten zur Interpretation. Diese Form der Intelligenz hat verschiedene Facetten. Diese Facetten können nicht durch einen Test bemessen werden, denn sie unterscheiden sich und basieren **nicht** auf dem Verstand.

Diese "Facetten", im weiteren Verlauf auch "Phasen" genannt, bilden die 4 verschiedenen Bestandteile der emotionalen Intelligenz und setzen sich wie folgt zusammen:

Einem Bewusstsein für die eigenen Gefühle.
Einem Bewusstsein für fremde Gefühle.
Empathie.
Und die Beeinflussung von internen und externen Emotionen.

Dabei ist Empathie (Phase 3) nicht gleichzusetzen mit einem Bewusstsein für fremde Gefühle (Phase 2), oder mit der Beeinflussung fremder Gefühle (ein Teil von Phase 4). Bewusstsein beschreibt in diesem Rahmen lediglich die Erkenntnis der Gefühle anderer, während Empathie das mitfühlen anhand dieser Erkenntnis beschreibt. Dabei ist Empathie jedoch noch nicht die aktive Beeinflussung fremder Gefühle durch eigenes Mitfühlen. Empathie bildet die Brücke zwischen der

Erkenntnis (Phase 2) und dem Beeinflussen fremder Gefühle (Phase 4). Ein **Bindeglied**. Sie ist weder so passiv wie das Bewusstsein, noch so aktiv wie die Beeinflussung. **Empathie ist intuitiv** und damit teils aktiv und teils passiv. Weitere Details und Deutungen folgen in dem Kapitel "Phase 3".

Wenn wir uns gemeinsam diesem Thema der emotionalen Intelligenz widmen, müssen wir zunächst garantieren, dass wir dieselbe Definition von emotionaler Intelligenz teilen. Häufig interpretieren wir mit diesem Begriff nur einen der vier oben genannten Zustände und missachten die anderen, nicht weniger bedeutenden Bestandteile. Ein hohes Maß an emotionaler Intelligenz erfordert die Beherrschung von allen 4 Facetten. Emotional hochintelligent ist der, der sich den eigenen und fremden Gefühlen vollständig und permanent bewusst ist, Empathie als Grundlage jeder zwischenmenschlichen Beziehung bildet, sowie anhand dieses Bewusstseins eigene und fremde Gefühle kontrollieren und verändern kann.

Ein Bewusstsein für die eigenen Gefühle bedeutet, dass du es bemerkst, wenn du etwas fühlst. Klingt banal und genau das ist es auch, denn unsere Gefühle sind allgegenwärtig. Ferner bedeutet es, dass du präzise erkennst und identifizieren kannst, **wie du dich fühlst**. Diese Erkenntnis der eigenen Emotionen, die so selbstverständlich scheint, fehlt tatsächlich den meisten Menschen, obwohl es die **Grundvoraussetzung von Glückseligkeit** und noch so Vielem mehr ist. Wenn du die Emotionen und Gedanken anderer Menschen erkennen und beeinflussen willst, so beginnt dieser Weg zwangsweise mit deinem **"Selbst"**. Erst wenn du deine eigenen Gefühle erkennen, kontrollieren und steuern kannst, ist es möglich, diese Fähigkeit durch weitere Bewusstwerdung auszuprägen und auf Dritte anzuwenden. Reaktiviere dein eigenes Potenzial, um deinen Mitmenschen helfen zu können, ihr Potenzial zu reaktivieren. ==Du musst einen Weg erst selbst gegangen sein, um ihn anderen zeigen zu können.==

Angenommen, ich bitte dich um die Entscheidung der Wahl unseres neuen Fußballnationaltrainers, um unsere Nationalmannschaft während der nächsten Weltmeisterschaft zum Titel zu führen. Du hast die Wahl zwischen zwei Trainern. Einer von ihnen hat jedes Buch dieser Welt über Fußball gelesen und kennt alle seine taktischen Details auswendig. Doch er hat nie auch nur einen Fuß auf ein Spielfeld gesetzt. Der andere kann nicht lesen. Doch er hat jahrelang weitreichende Erfahrungen als professioneller Fußballspieler gesammelt und wurde 3 Mal zum Weltfußballer gewählt. Theoretisches Genie gegen praktisches Ass. Für wen würdest du dich entscheiden, um unsere Nationalmannschaft zum Titel zu führen?

==Im Optimalfall bilden Theorie und Praxis eine Symbiose, doch im Zweifel ist die praktische Erfahrung wertvoller, als es theoretische Kenntnisse sein können.== Die Ausbildung und Steuerung anderer ist nur möglich, wenn du bereits den Weg gegangen bist, den du zeigen und nutzen möchtest. Dieses Prinzip ist ein Lebensgesetz und gilt auch, wenn du deine emotionale Intelligenz extern anwenden willst, um beispielsweise Menschen zu "lesen" oder ihre Emotionen zu steuern. Zuerst musst du dich, dein "Ich" lesen können und dein "Selbst" kennenlernen.

Wie man diesen Zustand des Bewusstseins erreicht, erkläre ich dir im weiteren Verlauf.
Dieses Kapitel behandelt lediglich das "Was", welches eine Voraussetzung für das "Wie" darstellt.

Ein Bewusstsein für deine eigenen Gefühle zu entwickeln ist bereits schwierig. Sich den Gefühlen und dem Wert fremder Gefühle bewusst zu werden ist noch um einiges schwieriger. Emotionen sind im Gegensatz zur Sprache nicht direkt sichtbar. Ohne Übung haben die meisten Menschen bereits Probleme damit, eigene Gefühle zu erkennen. Dementsprechend ist das Erlangen dieser Fähigkeit, welche deutlich abzugrenzen ist von einer Kontrolle der Gefühle, angewandt auf andere Menschen, ungemein schwieriger. Dem Bewusstwerden fremder Gefühle ist das Bewusstwerden eigener Gefühle zwangsweise vorgeschaltet.
Beherrschst du diese beiden Schritte, kannst du zur dritten Phase voranschreiten.

Empathie. Es ist eines dieser Wörter, das jeder kennt, doch niemand genau auf Anhieb einem Unwissenden erklären könnte. Wie würdest du Empathie definieren?

Empathie ist das Vermögen, die Gefühle von Mitmenschen im ersten Schritt zu deuten und im zweiten Schritt "mitzufühlen". Ähnliche Gefühlsmuster anzunehmen und sich einzufühlen. Das dadurch vermittelte Verständnis für die Situation des Anderen bildet eine der Grundlagen unserer zwischenmenschlichen Beziehungen. Dieses Mitfühlen kann die eigene Psyche sowohl positiv beflügeln, als auch negativ belasten. Außerdem stellt Empathie die Brücke zwischen Phase 2 und 4 dar.

Die Beeinflussung von Gefühlen ist die Königsdisziplin der emotionalen Intelligenz. Sie benötigt die Beherrschung jeder zuvor genannten Teilfähigkeit. Genauso schwierig, wie es ist, sie zu erlangen, genauso erstrebenswert ist es auch, sie zu beherrschen. Sie dient sowohl dazu, interne Gefühle zu lenken und damit unter anderem ein erfülltes Leben zu führen, als auch die Gefühle anderer zu lenken, um ihnen dadurch zu helfen.

Die 4 Bestandteile der emotionalen Intelligenz, den eigenen Gefühlen bewusst zu werden, den Gefühlen von Mitmenschen bewusst zu werden, Empathie zu entwickeln und Gefühle zu lenken, ähneln aufsteigenden Leveln in einem Computerspiel. Du benötigst Erfahrung, um von einem in ein nächstes Level aufzusteigen. Mit jedem Level steigt auch die benötigte Erfahrung, um erneut aufsteigen zu können. Gleichzeitig wirst du mit jedem Level stärker. Die Programmierungen und Daten für höhere Level stecken bereits in dem spielbaren Charakter, müssen jedoch "aktiviert" werden. Ein

Aufstieg ist nur möglich, wenn du das vorherige Level zu 100% vollständig absolviert hast. Hast du ein Level erst einmal erreicht, kannst du nicht wieder zurückfallen. Ein lebenslang gültiger Triumph, den dir niemand nehmen kann.

Und mit jedem neuen Level wird dein Leben reicher an neuen Eindrücken, Erfahrungen und Fähigkeiten.

ZWEI MISSVERSTANDENE ZWILLINGE

Die emotionale Intelligenz ist unter diversen Decknamen bekannt. Häufig wird sie auch soziale Intelligenz oder EQ (Emotionsquotient oder Emotional Quotient) genannt. Letzteres weist auch deutlich auf die nähere Verwandtschaft der emotionalen Intelligenz hin. Den wesentlich bekannteren IQ (Intelligenzquotient) könnte man als ihren Zwillingsbruder bezeichnen. Im Gegensatz zu der emotionalen Intelligenz misst der IQ die Leistung des Verstands und lässt sich durch einen Test erfassen. Er ist die intellektuelle Leistung des Prozessors, der zwischen deinen Ohren liegt und behutsam von deinem Körper getragen wird.

In einer sich eigenmächtig getauften "geistigen" Welt war der Intelligenzquotient die letzten Jahrzehnte vorrangig die allgemein bedeutendere Kennzahl. Wir wurden mit dem Glauben erzogen, dass ein Großteil unseres "Selbst" durch den Grad unserer geistigen Intelligenz bestimmt wird. Dabei ist diese Kennzahl völlig unbedeutend hinsichtlich einer Definition von dem was wir sind und was uns ausmacht. Wir alle hüten ein unendliches Potenzial aller Ressourcen in uns. Der Grad unseres Intellekts misst lediglich, inwieweit wir durch unsere Erziehung und die gesellschaftliche Prägung während unseres Lebenswegs begrenzt wurden und wie angepasst wir an künstlich errichtete Strukturen sind. Leider bestimmt der Grad dieser Begrenzung tatsächlich zudem, inwieweit wir gesellschaftlich akzeptiert werden und wie mühevoll unser Lebensweg innerhalb dieser Strukturen ist. Damit bestimmt der IQ indirekt über unsere Bildung, unseren Beruf, unsere soziale Umgebung und unseren Lebensstandard.

Wie wird die These begründet, der IQ zeige lediglich den Grad der Begrenzung unseres Potentials und nicht, wie behauptet, tatsächlich unser Potential?

Diese Erkenntnis beruht auf einer weiteren Annahme, dass wir alle ein natürliches, unendliches Potenzial in uns tragen. In unserem Kern ist weder die Intelligenz unserer Emotionen begrenzt, noch unterscheiden wir uns in der Intelligenz unseres Verstands. Die ersichtlichen Unterschiede zwischen intelligenten und weniger intelligenten Menschen entstehen lediglich durch verschiedene Grade der Begrenzung ihres unendlichen Potentials.

Als veranschaulichendes Beispiel dient der "Kern" des Intellekts. Das Gehirn. Es ist erwiesen, dass wir die Kapazität unseres Gehirns nur zu einem Bruchteil seines Gesamtpotentials nutzen. In uns existiert ein unvorstellbar höheres Maß an Verstand, doch der Zugriff wird uns natürlich verwehrt. ==Wir werden limitiert.== Und diese Limitierung setzt sich während unserer Entwicklung fort, ==indem uns durch die Gesellschaft und die von ihr geprägte Erziehung zahlreiche Denk- und Verhaltensmuster auferlegt werden, die die Türe zu unserem wahren Potential verschließen.== Eine der simpelsten Methoden ein einzigartiges Lebewesen einzugrenzen und zu kontrollieren, besteht darin, in ihm den Glauben keimen zu lassen, dass es klein, unbedeutend oder dumm wäre.

Der Stellenwert des IQ dominierte die letzten Jahrzehnte. Der Intellekt bestimmte wer du bist und wie wertvoll du bist. Im 21. Jahrhundert beginnt sich das Blatt allmählich zu wenden. Immer mehr Menschen entwickeln ein natürliches Bewusstsein für die Wichtigkeit seiner lange unterschätzten und im verborgen gebliebenen Zwillingsschwester. Die emotionale Intelligenz. Die Symbolik von Bruder und Schwester sind bildlich überaus passend. Nicht nur, weil sich beide Eigenschaften ergänzen, sondern weil auch die Merkmale, die man beiden Geschlechtern zuschreibt, den IQ als männlichen Teil, sowie den EQ als weiblichen Teil beschreiben. In diesem Rahmen bildet der IQ die aktive, ausführende und herrschende Seite. Der EQ hingegen bildet die passive, kreative und verständnisvolle Seite. Beide existieren nicht in ewiger Konkurrenz gegeneinander, sondern in notwendiger Harmonie miteinander. Zumindest wenn das Verhältnis zwischen ihnen in einer ungestörten, natürlichen Balance steht.

Ich nehme nun bereits eine riesige Diskussion vorweg, die so alt ist, wie die Geburtsstunde ihrer Begrifflichkeiten.

Welche Seite spielt die bedeutendere und nützlichere Rolle? IQ oder EQ?

Die Antwort liegt wie so häufig in dem Gleichgewicht zwischen den Extremen.

Das eine ist ohne das andere wertlos, wohingegen die Kombination erst die wahre Macht des einzelnen enthüllt. Aus gesellschaftlicher Sicht war der IQ in unserer Geschichte dem EQ immer übergeordnet. Das beweist bereits die Tatsache, dass auch heute noch mit dem Ausdruck "Intelligenz" mit hoher Wahrscheinlichkeit die intellektuelle Leistung gemeint ist, obwohl die emotionale Intelligenz nicht minderwertiger ist.

Stell dir einmal vor, du sitzt an deinem Arbeitsplatz und plötzlich hörst du, wie eine deiner Kolleginnen hinter einer verschlossenen Tür im Nebenzimmer weint. Was wirst du tun? Ihr Weinen unauffällig ignorieren, weil du dein Projekt rechtzeitig beenden möchtest, um pünktlich in Feierabend zu gehen? Oder wirst du zu ihr laufen, um sie in die Arme zu nehmen, sie nach der Ursache ihrer Trauer befragen, aktiv zuhören und sie danach aufheitern?

Würdest du nun, bei genauerem Nachdenken, letzteres Verhalten nicht auch als eine Art von Intelligenz bezeichnen? In der Praxis werden übrigens beide Möglichkeiten vom Durchschnittsbürger wahrgenommen. Was in geschriebenen Zeilen so selbstverständlich nach Möglichkeit 1 schreit, resultiert in der Realität nicht selten in der bevorzugten Option physische oder psychische Schmerzen unserer Mitmenschen "freundlich zu ignorieren". Beide Varianten enthüllen einen unterschiedlichen Grad an emotionaler Intelligenz.

Emotionale Intelligenz ist die Basis eines unserer Grundbedürfnisse. Zusammengehörigkeit und Gemeinschaft. Den Drang nach zwischenmenschlichen Beziehungen und Interaktion. Fühlen und Mitfühlen bildet die Grundlage unseres Daseins in einer lebendigen Welt. Somit bildet emotionale Intelligenz einen mindestens genauso wertvollen Nutzen für die Gesellschaft wie die Leistung unseres Verstands.

Generell mag es aus einer gesellschaftlichen und nach wie vor überbewerteten Sicht auf einen flüchtigen, oberflächlichen Blick so scheinen, als wäre der IQ relevanter als der EQ. Kopflastige Menschen scheinen der Gesellschaft einen höheren Mehrwert schenken zu können, als herzlastige Menschen es könnten.

Angenommen, zwei junge Menschen verlassen die Schule. Person A mit einem Abitur und Numerus Clausus von 1,0. Person B hat mit Mühe und Not seinen Hauptschulabschluss erreicht. Wem würdest du intuitiv, ohne Näheres über beide zu wissen, einen bedeutenderen weiteren Lebensweg zurechnen? Mit hoher Wahrscheinlich Person A. Das ist ein Trugschluss. Unsere **Denkmuster** sind in einer erschreckend hohen Anzahl **inkorrekt verknüpft**. Wir verbinden einen Schulabschluss und Noten mit Intelligenz. Das ist bereits der erste Fehler. Zudem verbinden wir dann wiederum den Intellekt mit einer höheren Wahrscheinlichkeit eines bedeutenden Lebenswegs und dem Mehrwert für die Gesellschaft. Das ist der zweite Fehler. In diesem Beispiel erfahren wir nur die Schulbildung der beiden Menschen. Diese ist vollkommen nichtssagend. Trotzdem ziehen wir aufgrund ihres Schulabschlusses "sehr wahrscheinliche Rückschlüsse". Dabei könnte Person B eine extrem hohe emotionale Intelligenz besitzen und damit das Leben hunderter Mitmenschen stark bereichern. Die Schuld fehlerhafter Denkmuster tragen wir jedoch nur indirekt selbst. Diese Denkmuster finden ihren Ursprung nicht in uns, sondern in der Gesellschaft. Wie wir denken wird maßgeblich durch unsere Erziehung bestimmt, während diese durch unsere Gesellschaft bestimmt wird. Das System, in dem wir leben, wurde auf und um Glaubenssätze erbaut, die den Wert des IQ weit vor dem des EQ stellen, um Kontrollprozesse zu vereinfachen.

Dass der Intellekt wichtig ist, möchte ich auch nicht in Frage stellen. Doch was wäre der Intellekt, ohne eine Komponente, die ein harmonisches, zwischenmenschliches Dasein ermöglicht. Wie wertvoll sind ausgezeichnete Kenntnisse in Mathematik, Sprachwissenschaften oder Physik und Chemie, wenn du nicht in der Lage bist, mit deinen Mitmenschen lebendig zu kommunizieren, geschweige denn deine eigenen Gefühle zu deuten. Ein extremes Beispiel für diese Problematik stellen Autisten dar, die trotz eines überwältigendem IQ häufig kaum Sozialkompetenzen aufweisen und genau darunter in unvorstellbarem Maße leiden. Ich selbst wurde als Schulkind im ersten Schuljahr getestet und habe laut eines IQ Tests einer anerkannten Institution einen IQ von 130. Einerseits empfinde ich meinen Intellekt keineswegs als überdurchschnittlich, andererseits würde ich dem, wenn es so wäre, im Verhältnis zu dem Wert der emotionalen Intelligenz keinerlei relevanten Mehrwert zuschreiben. Nach meinem heutigen Kenntnisstand würde ich, wenn ich nicht wüsste, wie essentiell die Harmonie beider Intelligenzen ist, die emotionale Intelligenz sofort einem leistungsfähigen Verstand vorziehen.

Zu fühlen, sich dessen bewusst zu sein und deine Emotionen zu steuern wird dich so viel mehr erfüllen, als es jegliche Denkprozesse je könnten.

Hinzu kommen die Änderungen, die sich durch den rasanten Fortschritt ergeben. Die Welt in der wir leben wird immer schnelllebiger. Hauptverantwortlich für diesen Umstand ist das Internet. Es stellt jedem Menschen frei zugängliche Informationen in atemberaubender Geschwindigkeit zur Verfügung. Diese Flut an Informationen steigt jeden Tag weiter an. Das ist ein riesiger Nachteil für Kopfmenschen, die sich und ihr gesellschaftliches Leben, das maßgeblich durch unseren Beruf bestimmt wird, auf ihren IQ, ihr Wissen und dem Leistungsvermögen ihres Verstands stützen. Suchmaschinen bieten detaillierte Antworten auf die komplexesten Fragen innerhalb von Millisekunden. Technologie und Digitalisierung senken immer weiter den Wert des Intellekts. Der Mensch als Leistungsträger wird zunehmend unbedeutender und deswegen ersetzt. Unter solchen Umständen, in unserer Zeit, werden andere Fähigkeiten bedeutender. Fähigkeiten wie das Verstehen und Führen von zwischenmenschlichen Beziehungen. Fähigkeiten wie emotionale Intelligenz. Wir befinden uns gerade in einer **Umbruchphase**. Bekannte amerikanische Beispiele für diesen Umbruch sind Richard Branson, Tony Robbins oder Gary Vaynerchuck. Ein Schulabbrecher, ein Störenfried und ein Immigrant. Niemand von ihnen besitzt einen überdurchschnittlich hohen IQ. Während ihrer Schulzeit galten sie alle als "auffällig". Aus rein intellektueller Sicht mögen ihre Voraussetzungen für ein erfolgreiches Leben wie eine einzige Katastrophe wirken. Nach konservativen Denkmustern hätten ihre Lebenswege elendig verlaufen müssen. Richard Branson ist Multimilliardär, Tony Robbins und Gary Vaynerchuck sind Multimillionäre. Befasst man sich etwas näher mit ihnen, so erkennt man, dass jeder von ihnen hochemotional ist und sich durch ein hohes Maß an Empathie auszeichnet. Auch wenn das finanzielle Vermögen belanglos ist für den wahren Wert und Erfolg eines Menschen, so zeigt ihr finanzieller Reichtum in einer materiell geprägten Welt, dass auch in dieser Welt ein Umbruch stattfindet und der IQ an Wert verliert, während die emotionale Intelligenz schrittweise mit in den Vordergrund tritt.

Weil genau du diesen Umbruch bemerkt hast, oder mit anderen Worten. weil du ihn fühlst, hältst du gerade dieses Buch in den Händen.

DIE 4 PHASEN ZUM MENSCHLICHEM REICHTUM UND WIE DU SIE MEISTERST

Die 4 Phasen hast du bereits kennengelernt. Nun beginnen wir mit dem interessanten Teil.

Wie erhöhst du deine emotionale Intelligenz? Wie schaffst du es, die einzelnen Phasen zu meistern und bis zur letzten Phase, der Kontrolle von Emotionen, zu gelangen?

Setzen wir einen Fuß vor den nächsten, denn wie du bereits gelernt hast, ist der vollständige Abschluss einer Phase notwendig, um eine nächste Phase erreichen zu können. Falls du erwartest, dass dieser Weg einem Spaziergang gleicht, muss ich dich enttäuschen und deine Erwartungshaltung an dieser Stelle dringend berichtigen.

Es ist von elementarer Bedeutung, dass du deinen Weg mit einer korrekten Erwartungshaltung antrittst. Ansonsten wirst du enttäuscht sein, wenn sich die erwarteten Ergebnisse nicht in der Geschwindigkeit einstellen, die du dir erhofft hast. Deine emotionale Intelligenz zu steigern benötigt je nach deinen Grundvoraussetzungen viel Zeit. Eine der Lebensregeln ist es, dass nahezu alles, bei dem es sich lohnt, es zu besitzen und alles, was langfristig bestehen soll, auch langfristig aufgebaut werden muss. Ein nachhaltiges Bauwerk wird nicht über Nacht errichtet. Ein

Profisportler trainiert viele Jahre oder Jahrzehnte vor seinem Durchbruch. Ein Baum wächst nicht an einem Tag 10 Meter in die Höhe...Du verstehst, was ich dir mitteilen möchte. Die Länge der Beständigkeit von etwas deckt sich immer mit der Länge ihrer vorherigen Entwicklung. Genauso verhält es sich mit emotionaler Intelligenz. Diese Kompetenz zu steigern verlangt Zeit, Geduld und wiederholende Prozesse der Bewusstwerdung. Doch wenn du durchhältst, werden dir die Fortschritte und ihre Folgen auffallen. Vergiss während deines Wegs nie dein "Warum" und erinnere dich regelmäßig an den Wert deines Ziels.

PHASE 1

Die Entwicklung für ein Bewusstsein der eigenen Gefühle.

Was macht uns Menschen aus? Hast du dir schon einmal Gedanken über diese Frage gemacht? Wie würdest du sie beantworten? Zunächst einmal ist das keine Frage, die man wie aus der Pistole geschossen intuitiv beantworten kann. Erschreckend, wenn man bedenkt, wie unheimlich viel Wissen wir über belanglose Dinge besitzen. Inklusive Studium verbringen manche Menschen ein Viertel ihrer Lebenszeit in der Schule. Gleichzeitig können wir nicht direkt beantworten, was uns in unserem Kern ausmacht. Entgegen vielerlei Meinungen aus der "geistigen" Welt, musst du im engeren Sinne keine neuen Kenntnisse dazu gewinnen, um zu dir zu finden. Du musst "lediglich" die Schichten deiner vermeintlichen Persönlichkeit immer weiter abtrennen, bis nur noch dein wahres "Selbst" übrigbleibt. Ähnlich der Zubereitung einer Zwiebel musst du Schicht für Schicht deiner Schale abschälen. Hinter zahlreichen Schichten befindet sich schließlich dein Kern. Dieser Prozess erfordert viel Zeit und praktische Umsetzung, statt sich lediglich mit der Theorie zu befassen. Doch wenn du nun einmal versuchst, dich zumindest diesem Gedanken intensiver zu widmen und deine äußeren Schalen fiktiv abzuschälen, was bleibt übrig? Was bleibt übrig hinter den Fassaden des Materialismus und anderer Belanglosigkeiten?

Emotionen.

Du hast bereits erfahren, wie der Umbruch durch das Internet den Wert von "nacktem" Wissen immer weiter schmälert. Das Denken wird uns Schritt für Schritt abgenommen. Von Medien, die bestimmen, was wir denken und wie wir denken sollen, bis hin zu autonomen Automobilen. Doch wenn in einer fiktiven Welt jeder Teil unseres Denkens fremdbestimmt wird, was bleibt dann noch von einem Menschen übrig?

Es sind seine Gefühle.

Wer sich näher mit dem Weltlichen befasst, wird auch bemerken, dass heutzutage zunehmend versucht wird uns den letzten Rest unserer Selbstbestimmung zu nehmen und uns zu kontrollieren. Doch das gelingt nur, wenn wir unfähig sind, uns dagegen zu schützen.

Die Reise der Kontrolle beginnt bereits im frühkindlichen Dasein. Unsere bereits weitestgehend fremdbestimmte, mit Grenz- und Problemdenken behaftete, frühkindliche Erziehung bestimmt unsere ersten und so prägenden Eindrücke unserer Umwelt. Die frühkindliche Erziehung besteht im Regelfall zu weiten Teilen daraus, uns zu sagen, was wir nicht können oder nicht dürfen. Uns wird bereits ein Weltbild vorgegeben, während die eigene Erforschung unserer Umwelt und das Entwickeln wirklich eigener Denkmuster stark eingeschränkt wird. Die Konditionierung beginnt. Die Entfernung vom Herzen, von der Wichtigkeit von Emotionen, hin zu der Priorisierung von rationalem Denken. Nach dem Kindergarten erreicht diese Auferlegung von Denkmustern ihren vorzeitigen Höhepunkt während unserer Schulzeit. Hier beginnt auch verstärkt nach der Manipulation unseres Denkens nun die Manipulation unseres Fühlens.

Wie hast du dich in der Grundschule gefühlt, wenn du als einziger oder zusammen mit wenigen anderen eine schlechte Note in einer Klassenarbeit geschrieben hast? Zumindest am Anfang vermutlich minderwertig. Die genauen Ausmaße dieser Gefühle bestimmt dein Selbstbewusstsein, welches zunehmend unbewusst geschwächt wird. Selbstbewusstsein, das heißt, sich selbst bewusst zu sein, ist übrigens klar abzugrenzen von Eigenschaften wie Selbstsicherheit. Doch auch diese wird während unseres Lebenswegs eher verringert als gestärkt. Schlechte Schulnoten bilden das Paradebeispiel einer kaum übertreffbaren Sinnlosigkeit. Selbst aus rein rationaler Sicht macht die Bewertung durch Schulnoten schlichtweg keinerlei Sinn. Wieso solltest du weniger Wert sein, wenn du mathematische Formeln nicht lösen kannst oder Gedichte anders interpretierst, als jene, die zu einer Bewertung deiner Leistung befähigt werden. Wieso sollte deine Wahrheit nicht die richtige Wahrheit sein, nur weil sie sich von dem "Maßstab" unterscheidet? Wie und wem kann überhaupt das Recht verliehen werden, einen allgemeingültigen Maßstab zu erschaffen?

Doch was hat nun das Schulsystem mit der Entwicklung

emotionaler Intelligenz und dem Bewusstsein für deine eigenen Gefühle (Phase 1) zu tun?

Das, was wir gerade gemeinsam getan haben, ist der Schlüssel zum Meistern von Phase 1.

Das **Hinterfragen von bestehenden Denkmustern** und die **Erkenntnis**, dass das Meiste von dem, was uns als "wichtig" vermittelt wird, tatsächlich unwichtig oder gar sinnlos ist. Dass **Menschlichkeit** alles ist, was zählt. Dass Menschlichkeit aus Emotionen, Fühlen und Mitfühlen besteht.

Der erste Schritt zum Bewusstsein eigener Gefühle ist die Erkenntnis, dass sie es sind, was uns ausmacht. Zu fühlen ist etwas, das nicht rational erklärt werden kann. Erklärungen können ohnehin immer nur Deutungen sein, weil wir durch die stichpunktartige Selektion der uns umgebenden Millionen von Reizen permanent unsere eigene Realität bilden. Unendlich viele Variablen bestimmen unser Leben als Individuum. Wir besitzen nur wenige gemeinsame Nenner, doch eine Eigenschaft teilen wir uns alle.

Wir fühlen. Immer. Nichts zu fühlen ist unmöglich. Liebe, Hass, Freude, Schmerz und die verschiedenen Grade zwischen diesen Extremen. "Nichts zu fühlen" ist lediglich eine Redewendung für unbewussten Schmerz.

Ein in uns verankertes Grundbedürfnis besteht in dem Willen, glücklich zu sein. Auch besonders materialistisch geprägte Menschen, die sich nichts sehnlicher wünschen als einen Ferrari, oder eine teure Uhr, sehnen sich nicht nach einem Gegenstand, sondern nach dem Gefühl, dass dieser Gegenstand ihrer Vermutung nach in ihnen auslöst. Selektiert man seine Ziele immer weiter, "schält die Schichten der Schale von der Zwiebel ab", dann entdeckt man, dass hinter jedem Ziel eine gewünschte Emotion steht. Aus einer Kontrolle über die eigenen Emotionen resultiert dementsprechend eine Teilerkenntnis deines "Selbst". Diese Erkenntnis wirkt wie eine Befreiung von äußeren Schalen wie dem Konsumdrang, der nur dazu dient, um eine kurzfristige Befriedigung in uns auszulösen. Wenn du erkennst, dass du dich nicht nach den "neuen Schuhen", dem "neuen Auto" oder anderen Sachen sehnst, sondern nur nach dem Gefühl, welches sie auslösen, dann kannst du dich von der Konsumsucht befreien und die gewünschten Gefühle einfacher und intensiver auslösen, indem du deine Glücksgefühle reaktivierst. Umgedreht, angewandt auf negative Emotionen wie Furcht und Schmerz, verhält es sich genauso. Wir fürchten uns nicht davor, ausgelacht zu werden, wenn das Preisschild versehentlich noch an unserer Kleidung hängt. Wir fürchten uns nicht davor, dass ein Mann oder eine Frau, für den oder die wir uns interessieren, nicht interessiert an uns ist. Wir fürchten uns nicht einmal direkt vor dem Tod eines uns nahestehenden Menschen. Auch wenn das ein sehr hartes Beispiel ist, so macht es deutlich, dass wir uns eigentlich nicht vor der Situation, sondern vor den Emotionen fürchten, die diese Ereignisse in uns auslösen. Trauer, Wut, Mitleid und andere Formen von emotionalem Schmerz sind das, was wir tatsächlich und unbewusst zu vermeiden versuchen.

Du kannst dich nicht davor schützen, nichts zu fühlen und versuchen dich damit unnahbar zu machen. Das ist unmöglich. Zu fühlen ist ein Zustand, der uns in jeder Millisekunde von der Geburt bis zum Tod begleitet. Doch du kannst deine Gefühle beeinflussen. Den Zustand negativer Emotionen in einen Zustand von Glück und Wohlbefinden umkehren.

Bevor belastende Gefühle zunehmend dich beeinflussen, beeinflusst du deine Gefühle. Dazu kommen wir in Phase 4. Doch um diese Fähigkeit zu erlangen, musst du dir in Phase 1 deinen Gefühlen bewusstwerden. Führe dir ihr Dasein so häufig wie möglich und in den unterschiedlichsten Situationen vor Augen. Situationen, in denen du lachst und Situationen, in denen du weinst. Werde dir bewusst, dass hinter allem, was dich glücklich oder traurig macht, eine Emotion steckt und nicht der Zustand als solcher.

Diese Erkenntnis ist wesentlich bedeutender, als es durch geschriebene Zeilen wirken könnte, denn diese Erkenntnis impliziert, dass du die Kontrolle über dein Leben zurückgewinnst.

Du kannst äußere Umstände nicht immer kontrollieren. Wir sind zwar maßgeblich die Ingenieure unseres eigenen Lebens, doch wir besitzen keine uneingeschränkte Kontrolle und sind nicht die Herrscher über unsere Umwelt. Allerdings wird dein Glück nach näherer Betrachtung auch nicht durch äußere Umstände bestimmt, sondern durch die Emotionen, die diese Umstände in dir auslösen. Unsere Emotionen obliegen im Gegensatz zu unserer Umwelt zu 100% unserer eigenen Kontrolle.

Wer sich seinen Gefühlen vollständig bewusst wird, kann lernen, sie zu kontrollieren und zu steuern.

Wer seine Gefühle steuern kann, lebt in **ausnahmsloser Glückseligkeit**, unabhängig dessen, was das Leben für ihn bereithält.

PHASE 2

Die Entwicklung für ein Bewusstsein fremder Gefühle.

Genauso wie deine Einzigartigkeit durch dein Selbst und deine Gefühle ausgedrückt wird, gilt diese Gesetzmäßigkeit natürlich genauso für die Menschen um dich herum. Für jeden Einzelnen. Ausnahmen existieren nicht. Hinter jeder noch so unverständlichen und aus eigener Perspektive sinnlos erscheinenden Handlung steckt ein Auslöser. Dieser ist jedoch nicht immer rational erklärbar. Was bewegt Menschen dazu, Selbstmord zu begehen? Was bewegt Menschen dazu, Morde zu begehen? Aus rationaler Sicht kann man solche Taten nicht begründen. Ihr Antrieb sind ihre Emotionen. Doch auch dieses Beispiel lässt sich genauso wieder umkehren. Nehmen wir auch hier ein Extrem. Jesus. Der Messias und Erlöser. Die Jesus Geschichte ist entweder wirklich so geschehen, oder kann als Gleichnis interpretiert werden. Doch, unabhängig davon, ob sie real geschehen oder eine symbolische Erzählung ist, was treibt einen Menschen dazu an sein Leben aufzuopfern? Was treibt einen Menschen ungeachtet eigener Bedürfnisse dazu an, bedingungslos zu lieben? Fremde Menschen zu lieben? Menschen zu lieben, die dir Schlechtes wollen oder wünschen? So eine Form der Liebe, **bedingungslose Nächstenliebe**, existiert. Auch solche Zustände lassen sich nicht rational erklären.

Hinter allem, was wir denken und wie wir handeln,

stehen Emotionen. Wenn du die Einzigartigkeit und den Wert deiner Gefühle anerkennst, dann besteht der nächste Schritt darin, dies auch für andere zu tun.

Dieser Schritt ist bereits wesentlich schwieriger, als er scheinen mag, denn er impliziert auch die Menschen mitsamt ihren Facetten anzunehmen, die wir nicht verstehen oder leiden können.

Doch mit einem hohen Maß emotionaler Intelligenz kannst du nicht nur deine eigenen Gefühle, sowie die Gefühle anderer Menschen beeinflussen (Phase 4), sondern auch deine Gefühle zu ihnen. Du wirst jeden Menschen "leiden können", weil du das Positive in ihnen siehst, das Negative als extern auferlegtes Programm erkennst und ihnen damit ihre Schuld an unmenschlichen Verhalten nehmen kannst. Die Erkenntnis, dass sie in "bestem Wissen" handeln und dieses Wissen ursprünglich nicht von ihnen stammt, öffnet die Türen zu bedingungsloser **Vergebung**. Vergebung wiederum bedeutet Befreiung. Loszulassen von einem Teilleben in der Vergangenheit. Dass Leben in der einzig relevanten Zeit zu leben. Der Gegenwart.

Bevor du dazu bereit bist, musst du jedoch zunächst ein geeignetes Maß an Empathie besitzen.

PHASE 3

Empathie.

Mit der Empathie bewegst du dich langsam weg von bloßem Verständnis und einem Bewusstsein, hin zur Kontrolle. Jedoch ist Empathie noch eine intuitive und ungesteuerte Kontrolle. ==Grundsätzlich bedeutet empathisch zu sein, die Emotionen unserer Mitmenschen zu erkennen, zu deuten und mitzufühlen.== Letzteres schließt auch ein vorgetäuschtes Mitgefühl als eine Form von Empathie aus. Emotionen nur zu erkennen impliziert nicht empathisch zu sein. Empathie besteht immer aus den 3 oben genannten Teilschritten. Emotionen anderer zu

erkennen,
zu verstehen,
und mitzufühlen.

Emotionale Intelligenz ist erlernbar. Doch wie soll man "mitfühlen" lernen?

Hierzu lohnt es sich die Ursache zu ergründen, wieso eine emotionale Fähigkeit überhaupt erlernt werden kann, wenn sie nicht auf Rationalität beruht. Wenn man etwas nicht mit dem Intellekt erfassen kann, womit kann man es dann erfassen? Es existiert nur eine Antwort, die bei genauerer Betrachtung richtig sein kann und die du bereits kennengelernt hast.

Jedes Lebewesen trägt ein unendliches Potenzial emotionaler Intelligenz von Natur aus in sich. Es ist angeboren und wird im engeren Sinne nicht direkt erlernt, sondern schrittweise reaktiviert.

Eine Quelle, die durch die Erziehung, Negativdenken und fiktive Grenzen schrittweise verschlossen wird. Doch nur weil eine Tür verschlossen ist, verschwindet nicht das, was sich hinter der Tür befindet.

Angenommen du befindest dich auf einer langen, einsamen Straße. 50 Meter vor dir überquert ein junges Mädchen die Straße. Plötzlich nähert sich ein Auto mit 200 km/h. Das Mädchen hat kein fahrendes Auto auf dieser Straße erwartet und deswegen vor dem Überqueren der Straße nicht nach links und rechts geschaut. Eine Sekunde vor dem Aufprall spürst du bereits, dass es passieren wird, doch du bist machtlos. Die Gänsehaut zieht sich von deinem Nacken bis runter zu den Fußknöcheln. Der emotionale Schmerz ist so überwältigend groß, dass es sich wie eine neue, nie zuvor erlebte Emotion anfühlt.
Kein Mensch dieser Welt, der jemals gelebt hat oder leben wird, fühlt in einer solchen Situation irgendetwas anderes, als unbeschreiblichen Schmerz. Ob jung, alt, schwarz, weiß, links oder rechts. Unsere individuellen Lebenswege unterscheiden sich in nahezu unendlich vielen unterschiedlichen Variablen. Trotzdem fühlt in Extremsituationen jeder Mensch gleich. Es existiert nur ein gemeinsamer Nenner. **Menschlichkeit**. Eine

angeborene Fähigkeit der emotionalen Intelligenz. Und das impliziert auch Empathie.

Die Beweise für die Versiegelung dieser angeborenen und unendlichen Quelle sind offensichtlich. Sie sind allgegenwärtig. Unsere Gefühle werden zunehmend schwächer, wenn wir ermordete Menschen im Fernsehen sehen, die Opfer skrupelloser Kriminalität geworden sind. Oder wenn wir verhungernde Kinder in Afrika sehen, deren Exitus in der nächsten Nacht wartet. Wir fühlen niemals "Nichts", doch unsere Emotionen gelangen durch die Konditionierung zu vorrangig kopflastigen Menschen nicht mehr bis an unsere Oberfläche.

Noch ersichtlicher wird diese zunehmende Abstumpfung in alltäglichen Situationen. Wir werden undankbarer, beschweren uns über das Wetter, unser Gehalt oder einfach "die Anderen", die sowieso für die meisten unserer Probleme verantwortlich sind. Damit treten wir unser Geschenk des Lebens mit Füßen.

Fühlen und mitzufühlen sind Fähigkeiten, die zwar einerseits so normal erscheinen mögen und es auch sind, andererseits in einer heutigen Zeit jedoch Schutz bedürfen, um nicht ignoriert oder missachtet zu werden. Du kannst die Tür, hinter der sich deine unendliche emotionale Intelligenz befindet, schrittweise durchbrechen. Nachdem du dir deinen eigenen und den fremden Gefühlen wieder vollständig bewusst geworden bist, kannst du deine Empathie weiter ausbilden.

Der Schlüssel zu dieser Fähigkeit liegt in Phase 1 und 2.

Du hast ja bereits gelernt, dass du in einer Phase nur Erfahrungen sammeln und in die nächste Phase aufsteigen kannst, wenn du das vorherige Level vollständig abgeschlossen hast. In Phase 3 musst du entsprechend Phase 1 und Phase 2 zu 100% ausnahmslos gemeistert haben. Um zu prüfen, ob du das auch wirklich geschafft hast, dient Phase 3. Sie erfordert weniger Hingabe, Konzentration und Geduld, als die ersten beiden Phasen. Sie ist weniger proaktiv und eher passiv bzw. reaktiv. In Prozessen der Bewusstwerdung, wie in den vorherigen Phasen, wird der Intellekt als Mitspieler benötigt. Empathie hingegen benötigt keinen Intellekt. Im Gegenteil. Der Intellekt ist der Gegenspieler der Empathie. Empathisches handeln bedeutet intuitives Handeln. Daraus wiederum entsteht kopflastiges Denken, doch in ihrem Ursprung ist Empathie "kopflos".

Bedingungslose, wahre Empathie benötigt keinerlei Anstrengung. Sie ist so natürlich wie das Atmen. Zumindest wenn die ersten beiden Stufen gemeistert wurden und du wieder ein **Bewusstsein für deine eigenen Gefühle und fremde Gefühle** entwickelt hast. Ansonsten, wenn Empathie Anstrengung benötigt, ist sie nicht rein und ehrlich. In solchen Zuständen könnte man auch nicht von wahrer Empathie reden. Dann ist es lediglich nutzenbasiertes Handeln. Die Unterscheidung von wahrer Empathie und nutzenbasiertem Handeln ist einfach. Da beides Gegensätze sind, ist **Empathie ein**

==Handeln, dass nicht egoistisch ist. Dass in keiner Weise auf== einem eigenen Nutzen basiert.

Ein Beispiel: Wenn du deiner weinenden Kollegin hilfst, damit sie endlich ruhig wird, ist das kein empathisches Handeln, nur weil du sie in den Arm nimmst. Auch wenn du dich um sie kümmerst, damit sie sich zwar einerseits besser fühlt, du aber andererseits hoffst, dadurch in ihrem Ansehen zu steigen, ist das kein empathisches Verhalten. ==Empathie ist immer bedingungslos.== Ohne Erwartungen eines Gegenwerts. Empathie dient nur dem Ausdruck des Mitfühlens. Empathie, als die Brücke zwischen Phase 2 und Phase 4, dient nur der Verbesserung der fremden Gefühle.

Häufig meinen wir etwas für andere zu tun, wollen uns jedoch mehr oder weniger unterbewusst nur selber bereichern, indem wir auf eine zukünftige Gegenleistung hoffen oder damit unserem Selbstbild als "guter Mensch" versuchen gerecht zu werden.

Empathie impliziert jedoch kein egozentrisches Ziel.

Sie entsteht ohne Ursprung und schreitet voran ohne Ziel.

PHASE 4

Die Beeinflussung von eigenen und fremden Gefühlen.

Endlich bist du angekommen. Die Superkraft.

Die Beeinflussung von eigenen und fremden Emotionen hat einen bitteren Beigeschmack den jede Superkraft mit sich bringt. Sie kann benutzt oder ausgenutzt werden. Sie kann zum Guten wie zum Bösen verwendet werden.

Doch ich hätte dieses Buch nicht mit dem Bewusstsein schreiben können, dass es als eine Anleitung für "Bösewichte" dienen könnte. Jene, die die 4 Phasen meistern wollen, um in Stufe 4 fremde Menschen nicht zu bereichern, sondern sie zu manipulieren, vergeuden nur ihre Zeit in die vermeintliche Bewältigung eines Prozesses, der niemals erfolgreich enden wird. Dieses Modell trägt durch seine Stufen und ihre Voraussetzung der 100 prozentigen Absolvierung, um aufzusteigen, einen automatischen Schutzmechanismus gegen unmenschliche Absichten. Wenn jemand das oberste Ziel besitzt Mitmenschen zu manipulieren, so hat er Phase 3 und somit auch Phase 1 und 2 niemals wirklich abgeschlossen. Er wird nicht die Fähigkeit entwickeln können, fremde Gefühle und damit auch Gedanken und Verhaltensmuster zu beeinflussen. Offensichtliche Gefühle mit Hilfe des Intellekts mögen vielleicht trotzdem oberflächlich manipulierbar sein, doch nicht die tiefen und bedeutendsten Emotionen. Hätte eine solche Person Phase 2 tatsächlich abgeschlossen und damit auch in Phase 3 die bedingungslose Empathie erlangt, so wäre sein Bestreben niemals die Manipulation. Denn Manipulation bedeutet, andere Menschen entgegen ihrem Willen und aus Eigennutzen zu beeinflussen. Phase 2 hingegen benötigt die Erkenntnis der Wertigkeit fremder Gefühle, was den Wunsch nach Manipulation damit ausschließt.

Wie ist Phase 4 nun konkret umsetzbar?

Sie spaltet sich in 2 Bestandteile auf. Die Beeinflussung eigener Gefühle und die Beeinflussung fremder Gefühle. Da Letzteres auf Ersterem aufbaut, beginnen wir mit einer möglichen Deutung, wie man die eigenen Gefühle kontrollieren und bewusst steuern kann.

Nachdem du dir während der ersten Phase deinen Emotionen bewusst geworden bist, gilt es nun zunächst, sie zu akzeptieren. Hier bilden Kopf und Herz, Intellekt und Gefühle, wieder eine Symbiose. Unsere konditionierten Denkmuster zwingen uns in ein "Negativdenken". Wir denken stark überwiegend in Problemen statt in Lösungen. In Konfrontationen statt Kooperationen. Wenn wir zum Beispiel unseren Arbeitsplatz verlieren, denken wir zuerst an die finanziellen Sorgen, statt an die Chancen eines Neuanfangs. Wenn wir demonstrieren, dann demonstrieren wir nicht für etwas, sondern in der Regel zunächst gegen etwas. Nimmt man sich die Zeit, sich von den auferlegten Denkmustern zu lösen und sie zu hinterfragen, erkennt man schnell ihre Sinnlosigkeit.

Als erstes musst du die Erkenntnis erlangen, dass deine Gefühle aus der ersten Betrachtung immer eine Daseinsberechtigung besitzen. Lerne sie zu **akzeptieren**. Erkenne sie an und kämpfe nicht gegen sie an. In weiten Kreisen unserer Gesellschaft werden Trauer und Schmerz mit Schwäche verbunden. Aus solchen Urteilen spricht jedoch nichts Menschliches mehr. Es sind fremdbestimmte Wertvorstellungen, um die Menschlichkeit zu vermindern und die Kontrolle somit zu vereinfachen.

Die Akzeptanz eigener Gefühle, einhergehend mit der Akzeptanz des "Selbst", ist übrigens auch der erste Schritt zu einer weiteren, unheimlich wertvollen menschlichen Eigenschaft. Der **Selbstliebe**. Der Weg zur Selbstliebe ist mindestens genauso lange wie der Weg zur Entwicklung der emotionalen Intelligenz und würde als Beschreibung ein weiteres Buch benötigen. Doch das Ziel ist auch mindestens genauso erstrebenswert. Wer sich uneingeschränkt selbst liebt, ist bis in alle Ewigkeit befreit von äußeren Ängsten. Doch im Rahmen der 4 Phasen von emotionaler Intelligenz reicht zunächst die Akzeptanz des "Selbst" und deinen Gefühlen.

Nachdem du es geschafft hast, deine Gefühle zu akzeptieren, beginnt Schritt 2.

Hinterfrage, inwieweit deine Emotionen zielführend

sind. Ihr Dasein haben eine Berechtigung, doch wirken sie sich produktiv, oder eher kontraproduktiv auf dein Leben und deine Ziele aus? Greifen wir noch einmal das Beispiel des Jobverlusts auf. Je unerwarteter du gekündigt wirst, desto belastender wird die Neuigkeit dich treffen. Du darfst und sollst natürlich um den Verlust deiner Arbeitskollegen und deines Einkommens trauern (Akzeptanz deiner Emotionen). Du darfst auch sauer auf deinen Vorgesetzten sein. Du darfst Angst um deine finanzielle Zukunft haben. Danach solltest du jedoch beginnen deine Emotionen hinsichtlich ihres Nutzens und deinen Zielen zu durchleuchten. Angenommen du willst den Verlust als Chance nutzen, um dich endlich mit deiner Leidenschaft selbstständig zu machen. Ist es nun von Vorteil, deinem vergangenen Arbeitsumfeld nachzutrauern? Ist es nützlich, Angst vor der Zukunft zu haben?

Negative Emotionen wie Trauer können nach extremen Erfahrungen zur Schmerzlinderung und Schmerzverarbeitung nützlich sein. Obwohl sie immer eine Daseinsberechtigung besitzen, sind sie bis auf Ausnahmefällen jedoch nicht zielführend.

Doch was wäre nun zielführend?

Natürlich ihr Gegenteil. Positive Gefühle. Liebe, Freude, Dankbarkeit oder Zuversicht.

Phase 4, die Beeinflussung von Emotionen, bedeutet also genauer, die Umkehrung von negativen Emotionen und die Erhaltung positiver Emotionen.

Angewandt auf unser Beispiel des Jobverlusts wäre das die Freude auf einen neuen Lebensabschnitt, oder die Zuversicht auf den Erfolg der bevorstehenden Selbständigkeit.

Doch wie verwandelt man negative Gefühle in positive Gefühle?

Im Rahmen meiner Tätigkeit in einer Führungsposition gehörte die tägliche Motivation meines Teams zu meinem Hauptaufgabenfeld. Während dieser Zeit habe ich die Erfahrung machen dürfen, zu erkennen, wie wichtig es ist, dass ==Motivation ihren Ursprung in einem selbst== findet und ==nicht extrinsisch durch Belanglosigkeiten wie die Höhe des Einkommens== entsteht. Natürlich können solche extrinsischen Faktoren wie Geld kurzfristig durchaus motivierend sein, doch ==um langfristig und auch nach Stürzen motiviert zu bleiben, muss die Motivation von innen kommen.==

Wieso erzähle ich dir nun, wie nachhaltige Motivation entsteht?

Weil es sich so auch mit der Umwandlung negativer Gefühle verhält. Häufig neigen wir eher dazu sie zu bekämpfen, sie zu ignorieren, uns abzulenken, oder uns von Mitmenschen helfen zu lassen. Letzteres ist natürlich nicht verwerflich, doch der Wille und Antrieb muss intrinsisch sein, um effektiv zu sein zu können. Du musst aus eigenem Willen deine Gefühlslage ändern wollen. Wenn du bei emotionalem Schmerz immer Ablenkungen oder die Hilfe anderer suchst, wirst du niemals lernen können, wie du sie aus eigener Kraft in Gefühle von Glück umkehren kannst. Du musst dich deinen Gefühlen zunächst aussetzen.

Die Umkehrung ist durch einen Zustand möglich, der dir jetzt schon an einigen Stellen begegnet. **Bewusstsein**. Du musst dir erneut etwas bewusstwerden. Doch was? Die Antwort darauf ist ebenfalls eine Antwort auf die Frage nach einer zeitlosen Glückseligkeit.

Dankbarkeit.

So unscheinbar dieses Wort klingt und so leichtfertig es benutzt wird, so ist es dennoch der Schlüssel zum Glück. Abseits aller anderen Rahmenfaktoren.

Du hast deine negativen Gefühle bereits akzeptiert, sie hinterfragt und als kontraproduktiv hinsichtlich deiner Ziele bewertet. Nun folgt der letzte Schritt. Entwickle Dankbarkeit. Es ist keine Eigenschaft, sondern eine Fähigkeit. Mit dem gleichen unendlichen Potenzial wie deinem "Selbst".

Ganz einfach, oder? Tatsächlich ist Dankbarkeit zu entwickeln und diesen Zustand zu halten die schwierigste Disziplin von allen in Bezug auf eine persönliche Gefühlssteuerung.

Dankbarkeit beginnt nicht nur mit einem Lächeln und endet bei dem Wort "Danke". Dankbar für freundliche Gesten oder eine Hilfestellung zu sein ist ein notwendiger Anfang und erster Schritt. Dankbarkeit für alles vermeintlich "Selbstverständliche" ist bereits schwieriger und Schritt 2. Wahrhaftig dankbar zu sein, auch für "Missstände", ist der letzte Schritt. ==Wer es schafft eine anhaltende Dankbarkeit für alles ihn Umgebene zu entwickeln, innerlich wie äußerlich, wird jeden Schicksalsschlag, alle Depressionen und Launen überstehen können od==er gar präventiv vorbeugen und nicht einmal entstehen lassen.

In unserer westlichen Welt wird Glück und ein erfülltes Leben in der Regel anhand von Familie, Gesundheit und materialistischen Werten gemessen. Der "Lebensstandard". Doch was bleibt, wenn diese Werte schrittweise wegfielen? Wenn du deinen Beruf verlieren würdest, deine Wertgegenstände, dein Zuhause, krank werden würdest und einer deiner Mitmenschen sterben würde? Natürlich sind das Extreme. "Schicksalsschläge", die man niemanden wünscht. Doch was bleibt? Nach anfänglichem Schmerz, bleiben immer noch unendlich viele Umstände, für die es sich zu leben lohnt.

Du musst das ausnahmslose Bestreben entwickeln, nicht nur als Sklave fremdbestimmter Wertvorstellungen in einem tranceähnlichen Zustand zu überleben, sondern wahrhaftig jeden einzelnen Moment zu leben. Werde dir all den Umständen um dich herum bewusst, die Dankbarkeit verdienen. Alleine die Wahrscheinlichkeit geboren zu werden mitsamt all ihrer verschiedenen Variablen, ist unvorstellbar klein. Doch wir haben uns so weit wegbewegt von unserer Verbundenheit mit unserer Umwelt und unserem "Selbst", zu dessen Bewusstsein und damit auch zur Dankbarkeit, dass der Weg zurück anfangs wie eine unmögliche Aufgabe wirkt.

Auch die Dankbarkeit ist weniger einen Prozess des Lernens und gleicht vielmehr einer Reaktivierung. Wie jede andere Emotion versteckt sie sich bereits in unendlichem Maß in uns. Der Schlüssel liegt auch hier in der Bewusstwerdung und Wiederholung.
Zunächst müssen wir uns aktiv anstrengen, damit wir uns der vollkommenen Schönheit um uns bewusstwerden können. Doch wenn wir diese Bewusstwerdung dann ausreichend wiederholen, nicht nur, wenn wir uns wohlfühlen, sondern auch in "Krisenzeiten", dann ändert sich der Zustand der aktiven Bewusstwerdung langsam in einen Zustand des passiven, allgegenwärtigen Bewusstseins und verlangt keinerlei Anstrengung oder bewusstem Fokus mehr. Weg vom anstrengendem Prozess des "Werdens" hin zum natürlichen Prozess des "Seins". Doch bis dorthin, konzentriere dich in jeder Lebenssituation auf das Glück, dass dich umgibt. Die Chancen, die noch bestehen oder erst durch eine andere Situation entstehen. Die Lösung, die ein "Problem" hervorbringen kann.

Werde dir bewusst, dass die Muster, die dein Denken momentan bestimmen, nicht natürlich sind. Sie gehören nicht zu dir. Wie ein Virus haben sie deinen

Arbeitsspeicher befallen und bestimmen nun seine Programmierung. Befreie dich von diesem Virus, indem du seine Programme in deinem Alltag immer wieder in Frage stellst. Weil der Ursprung dieser Programme nicht in dir liegt, wirst du automatisch die Sinnlosigkeit in diesen Denkmustern erkennen. Diese Erkenntnis ermöglicht die Löschung dieser Programme. Dadurch wird Platz für neue Programme geschaffen. Die "richtigen" Programme, da sie nicht durch fremde Institutionen, sondern durch dich erstellt werden. Diese neuen Denkmuster eröffnen dir neue Blickwinkel auf deine Umwelt und dein Inneres. Wertschätzende Blickwinkel. Dankbarkeit.

Fassen wir kurz zusammen: Du kannst deine negativen Emotionen umkehren und an positiven Emotionen festhalten, indem du

Deine Gefühle zunächst akzeptierst,
Sie dann hinsichtlich ihrer Nützlichkeit hinterfragst,
Deine Denkmuster reprogrammierst und Dankbarkeit entwickelst.

Das war der Weg der Beeinflussung eigener Gefühle.

Wie kannst du nun die Gefühle deiner Mitmenschen verändern?

Wie bereits am Anfang des Kapitels erwähnt, werde ich nicht darauf eingehen, wie man die Gefühle anderer negativ beeinflusst. "Manipulation". Das ist weder meine Intention, noch ist es überhaupt möglich, da diese Intention die Unvollständigkeit der ersten 3 Phasen beweisen würde. Natürlich kannst du durch Provokation, geschickte Wortwahl und Formulierungen die Gefühlslage anderer Menschen ein Stück weit auch negativ beeinflussen ohne die Phasen der emotionalen Intelligenz zu meistern, doch diese Form der Beeinflussung ist nicht nachhaltig und verlangt ihren Preis.

Alles in unserem Universum beruht auf dem **Gesetz der Polarität**.

Wärme und Kälte, Tag und Nacht, Liebe und Hass, Licht und Schatten, Yin und Yang. Jeder Spieler hat einen passenden Gegenspieler.

Ein weiteres Gesetz lautet:

Alles ist **im Ursprung identisch** und unterscheidet sich nur in seinem Grad. Bipolare sind die beiden Extreme eines Grads.

30 Grad Celsius und 5 Grad Celsius sind unterschiedliche Grade von Temperatur. Tag und Nacht sind unterschiedliche Grade von Zeit.

In Kombination beweisen diese beiden Gesetze, wieso Manipulation immer ihren Preis von dem Manipulierendem verlangt. Das Gesetz der Polarität beschreibt die beiden Extreme eines gemeinsamen

Ursprungs. Das Gesetz des Ursprungs beschreibt diesen Ursprung und den Grad der Ausprägung. Suchst du nach Beweisen für diese Gesetze, wirst du feststellen, dass sich alles von Natur aus ausgleicht. In einem Spiel verlangt ein Spieler einen Gegenspieler. Ein Extrem bedingt ein anderes Extrem. Du kannst dir dieses Gesetz wie eine Waage vorstellen, die ein Gewicht auf der einen Seite immer durch ein passendes Gegengewicht auf der anderen Seite ausgleichen will. Weil der Tag existiert, existiert auch die Nacht, sowie alle Grade zwischen diesen beiden Extremen. Weil arme Menschen existieren, existieren auch reiche Menschen und alle Grade zwischen ihnen. Diese Veranschaulichung könnte man unendlich weiterführen, weil unser gesamtes Universum auf diesen Prinzipien beruht. Bezogen auf das Manipulieren fremder Menschen bedeutet das: Wer schädliche Samen säht, wird faule Früchte ernten. Vielleicht mag kurzfristig ein Nutzen für den Manipulierenden entstehen, doch dieser Nutzen wird zwangsläufig, nach den gerade bewiesenen Gesetzen, seinen Preis verlangen. Und wenn man ihn nicht freiwillig zahlt, was man im Falle einer Manipulation nicht tut, wird die Gesetzmäßigkeit ihren Preis eintreiben. Schuldgefühle, Ablehnung, Hass oder andere Reaktionen erwarten den, der sich bewusst durch die Manipulation fremder Gefühle zu bereichern versucht.

Nehmen wir an, du hast die ersten 3 Phasen gemeistert, befindest dich in Phase 4, bist bereits im Stande, deine eigenen Emotionen zu steuern und möchtest nun die Fähigkeit der nachhaltigen Umwandlung negativer

Emotionen auch auf deine Mitmenschen anwenden.

Dieser Prozess ähnelt sehr stark dem der Beeinflussung von eigenen Emotionen, welcher auch eine Voraussetzung ist, um die Gefühle deiner Mitmenschen positiv beeinflussen zu können. Durch Phase 2 hast du bereits den weiblichen Anteil in dir näher kennengelernt und bist feinfühliger geworden. Du kannst die Emotionen in einem Menschen erkennen und erfragen. Du bist ihnen und ihrer Wertigkeit bewusst. Um sie positiv zu beeinflussen, musst du versuchen, sie mit auf eine Reise durch ihre eigene Welt an die Hand zu nehmen und ihnen ihre Welt aus deine neuen Augen zu zeigen. Vergiss nie, dass ihr Bewusstsein für ihr "Selbst" und ihre Gefühle nicht dem deinen entspricht. Abgekürzt musst du ihnen deutlich machen, dass

ihre Gefühle eine Daseinsberechtigung haben,
sie dann davon überzeugen, ihre Gefühle und Denkmuster zu hinterfragen
und sich ihnen schließlich die Schönheit, die sie umgibt, bewusstwerden lassen, damit sie eigene Denkmuster und Dankbarkeit entwickeln können.

Die Schwierigkeit liegt in der Notwendigkeit, dass dieser Prozess, wie bereits gelernt, intrinsisch entstehen muss. Emotionale Intelligenz, die Bewusstwerdung, die Entwicklung von Dankbarkeit. Das sind Prozesse, die viel Zeit benötigen, weil bestehende, extern zugeführte Denk- und Gefühlsmuster erst erkannt und beseitigt werden müssen. Du kannst die Bewältigung dieser

Prozesse nicht für andere Menschen übernehmen, doch du kannst sie einleiten. Im Englischen spricht man von "triggern", auslösen. Damit beeinflusst du fremde Gefühle nur indirekt. Du leitest es bewusst ein, dass deine Mitmenschen es schaffen, ihre eigenen Gefühle zu beeinflussen.

An erster Stelle stehen Bewusstsein für fremde Gefühle, damit einhergehend die Empathie, das Mitfühlen und dann folgt zunächst das triggern einer Akzeptanz für eigene Gefühle in dem Menschen, dem du durch die Beeinflussung seiner Gefühle helfen möchtest. Verdeutliche ihm, dass seine ==Emotionen wertvoll== sind und sie seine ==Akzeptanz verdienen.== Dass er sie ==nicht bekämpfen== darf, ==sondern annehmen== muss. Ob Wut, Enttäuschung, Trauer, oder Angst. Emotionen sind Menschlichkeit. Die Kommunikation von bedingungslosem Verständnis kann erreichen, dass dein Gegenüber sie nicht mehr abstößt und gegen sie ankämpft, sondern langsam ein Bewusstsein für ihre Daseinsberechtigung entwickelt und mit ihnen, statt gegen sie lebt.
Im zweiten Schritt folgt das Hinterfragen. Diesen Prozess kannst du durch indirektes Fragen einleiten. Hier betrittst du einen gefährlich schmalen Grad. Du darfst nicht den Eindruck erwecken, als würdest du seine Gefühle in Frage stellen. Das wirkt schnell so, als fehle dir das Verständnis, welches die Grundlage eurer zwischenmenschlichen Beziehung und der Situation bildet. Frage nicht direkt danach, ob seine Emotionen produktiv hinsichtlich seiner Ziele und eines erfüllten

Lebens sind, sondern frage ihn indirekt nach seinen Zielen. Hinterfrage nicht seine Denkmuster, sondern leite ihn durch die Frage, wieso er so denkt, dazu, dass er seine Denkmuster hinterfragt. Löse die Prozesse aus, doch versuch sie nicht für ihn zu bewältigen.

Ein Beispiel zur Veranschaulichung:

Deine Arbeitskollegin wird wegen wirtschaftlichen Engpässen gekündigt. Nachdem sie diese Nachricht von ihrem Vorgesetzten erhalten hat und er ihr Büro verlässt, hörst du, wie sie hinter verschlossener Türe beginnt zu weinen. Du erkennst ihre Trauer (Phase 1), kannst ihre Trauer und Ängste spüren und empfindest neben dem Schmerz auch Mitleid (Phase 2). Du begibst dich auf dem Weg zu der Türe ihres Büros und bittest sie mit ruhiger Stimme, ihre Türe zu öffnen. Nach kurzem Zögern schließt sie ihre Bürotür auf. Du berührst sie sanft an ihrer Schulter, wartest kurz ihre Reaktion ab, um sicherzugehen, dass sie deine körperliche Berührung nicht grundsätzlich ablehnt und nimmst sie schließlich in den Arm. Nach dem stillen Mitfühlen erzählst du ihr, dass es normal ist nach so einer Neuigkeit zu trauern oder in Tränen auszubrechen und dass du genauso reagieren würdest (Entwicklung einer Akzeptanz und der Erkenntnis über eine Daseinsberechtigung der eigenen Gefühle). Nachdem sie sich etwas beruhigt hat, erinnerst du sie an ihre Einzigartigkeit. Dass ihr Leben aus so viel mehr besteht, als ihrem Beruf und dass sie nicht durch ihren Beruf geprägt wird. Dass ihr Beruf nur ein minimaler und leicht zu ersetzender Teil ihres Lebens ist

(Kurzfassung eines möglichst ausführlichen und intensiven Dialogs). Mit diesen Triggern entlässt du sie nach Hause und schenkst ihr Ruhe und Zeit, um ihre Gefühle zu verarbeiten (z.B. Akzeptanz von Trauer), bestehende Denkmuster zu hinterfragen (z.B. den Sinn darin, dass wir uns zu weiten Teilen mittels unseres Berufs definieren) und neue Denkmuster zu bilden (z.B. Lösungsdenken statt Problemdenken, "Zeit, um sich neu zu orientieren und die wahre Leidenschaft zu finden", statt "Wie finde ich schnellstmöglich einen neuen Arbeitsplatz?"). Bei der Entwicklung dieser Denkmuster kannst du sie durch regelmäßige Gespräche unterstützen. Welchen Lebensweg sie nach ihrer Kündigung geht, kannst du nicht beeinflussen. Das hängt stark von zahlreichen individuellen Faktoren wie Vorlieben und Charakterzügen ab. Doch du kannst sie triggern, damit sie sich mit Chancen und neuen Perspektiven gedanklich befasst. Unabhängig ihres individuellen Wegs kannst du sie vor einer Wiederkehr ihrer bereits beseitigten negativen Emotionen nachhaltig schützen, indem du ihr verdeutlichst, wie wundervoll ihr Leben "trotz" des Jobverlusts ist. Der Effekt ist umso wirkungsvoller, wenn du sie diese Erkenntnis selbst herleiten lässt und sie somit intrinsisch entsteht. Gesund zu sein, Kinder zu haben, einen Partner zu haben, Freunde zu haben, ausreichend Qualifikation zu besitzen, um genügend weitere Perspektiven zu haben und Vieles mehr. Das alles sind Werte, die um ein Vielfaches wertvoller sind, als eine bestimmte Arbeitsstelle. Erkennt sie das an und entsteht diese Erkenntnis in ihr, so wird sie die Trauer nachhaltig besiegen. Je nach Situation resultiert eine "Schreckensnachricht" dann nicht selten in einen positiven Lebenswendepunkt, weil Veränderungen jeglicher Art grundsätzlich auch neuen Platz für Verbesserungen schaffen.

Dieses Beispiel und dieses Modell der Beeinflussung fremder Gefühle lässt sich auf jede andere Situation übertragen. Von kleinen Stimmungsschwankungen aufgrund eines verregneten Tages bis hin zu schweren Schicksalsschlägen. Natürlich variieren die Längen der einzelnen Erkenntnis- und Bewusstwerdungsphasen je nach Intensität der Emotionen und dem Charakter des Betroffenen. Doch es ist eine universal anwendbare "Heilungs- und Behandlungsform" für emotionalen Schmerz.

Akzeptanz
Hinterfragen
Dankbarkeit
Neuprogrammierung

Die letzten beiden Schritte gehen immer gemeinsam einher. Eine Dankbarkeit für alles was "bleibt" und alles was "ist" resultiert in einer Neuprogrammierung von ehemaligen Problem-, Angst- und Verlustdenkmustern. Genauso führen diese neuen Denkmuster wiederum zu Dankbarkeit für alles was ist, weil dieser Zustand ihr Ursprung und Auslöser war.

DER WEG BEGINNT...

Nun hast du das Ende erreicht. Zumindest in der Theorie. Falls du die maximale Wirkung dieses Buchs erfahren willst, empfiehlt es sich, dessen Inhalt regelmäßig zu wiederholen und zu verinnerlichen. Ich habe es bewusst nicht unnötig ausgeschmückt und auf das Wesentlichste reduziert und komprimiert, damit du zu einem besseren Verständnis und zur theoretischen Wiederholung eher dazu geneigt bist, es mehrmals zu lesen. Der praktische Weg benötigt mehr Zeit, als es das Lesen eines oder mehrerer Bücher verlangt. Der praktische Weg zu einem ausgeprägten Grad an emotionaler Intelligenz und Phase 4 erfordert eben genau das. **Praxis.**

Nun möchte ich zwei Umstände vorwegnehmen.
Eine motivierende und eine auf den ersten Blick eher demotivierende Nachricht. Beginnen wir, wie wir es in der Schule, dem vermeintlichen "Zentrum des Intellekts", gelernt haben: Mit dem Positiven.

Die gute Nachricht lautet:
Hast du es bis Phase 4 erst einmal geschafft, ist der weitere Weg ein Kinderspiel.

Vermutlich erkennst du an der Wortwahl der ersten Antwort bereits die schlechte Nachricht:
Der Weg bis Phase 4 dauert sehr lange.

Die elementarsten Phasen hinsichtlich der Steigerung der emotionalen Intelligenz sind nicht Phase 3 und 4, sondern Phase 1 und 2. Hast du sie gemeistert, ebnet sich der weitere Weg im Grunde von alleine.

==Sich den eigenen und fremden Gefühlen bewusst zu werden (Phase 1 & 2) bildet nicht nur das Fundament für Empathie und die Beeinflussung von Emotionen (Phase 3 & 4).== Es bildet das Fundament deines Selbst und damit von allem.

Etwas von so unschätzbarem Wert, was zwar angeboren, jedoch reaktiviert werden muss, benötigt Zeit.

Auch hier gilt ein weiteres universelles Lebensgesetz:

Ein nachhaltig bestehendes Monument gewinnt seine Zeitlosigkeit durch einen langfristigen Aufbau.

Du hast bereits gelernt, dass die Phasen der emotionalen Intelligenz zeitlos sind, sofern du sie einmal zu 100% absolviert hast. Das heißt, es ist ein Triumph, der dir nie wieder genommen werden kann. Etwas derart Nachhaltiges fordert seinen Preis (Gesetz des Gleichgewichts). Ein solides Fundament. Und ein solches Fundament verlangt wiederum einen sorgfältigen, zeitintensiven Aufbau.

Vergleichbar ist diese Voraussetzung mit denen eines starken Körpers. Sein Fundament sind starke Muskeln.

Muskeln benötigen viel Zeit, um zu wachsen. Doch wenn du sie langfristig aufbaust, werden sie auch kurzfristig ungünstige Phasen wie Nährstoffmangel erfolgreich trotzen und langfristig bestehen.

Die Voraussetzung, die damit einhergeht, lautet:

Geduld.

In einer Welt, in der wir als Konsumenten mittlerweile eine am Abend bestellte Ware per Expresslieferung noch am nächsten Morgen bis an die Tür geliefert bekommen, ist Geduld eine wahre Tugend geworden. In meinen Recherchen im Gebiet "Online Marketing" habe ich mich unter anderem mit einer Studie befasst, aus der ersichtlich wurde, dass, wenn die Ladezeit einer Internetseite (Verkaufsseite) nur 3 Sekunde länger lädt, als die Verbraucher es üblicherweise gewohnt sind, bereits 30% der Besucher direkt abspringen und die Seite schließen.

Neben verarbeiteten Informationen ist Zeit zur wertvollsten Währung unserer modernen Menschheit geworden.

Dieser Grund, oder schlichtes Unwissen, bilden die beiden Hauptursachen für das Scheitern einer Weiterentwicklung der emotionalen Intelligenz. Doch das Wissen besitzt du jetzt und fehlende Zeit ist immer eine Ausrede. Das Sprichwort "Zeit hat man nicht, Zeit nimmt man sich" trifft es genau. Wenn man das Kosten-

Nutzen-Verhältnis eines Aufwands als positiv beurteilt, dann "hat" man für dessen Bewältigung Zeit. Beurteilt man es als unausgeglichen seitens der Kosten, so "hat" man keine Zeit. Die Frage ist nun also, wie du das Kosten-Nutzen-Verhältnis zwischen den Kosten, einem langfristigen Aufbau emotionaler Intelligenz, sowie dem Nutzen, der Beeinflussung eigener und fremder negativer Emotionen, bewertest.

Letzten Endes führt die Kontrolle von Gefühlen zu einem erfüllteren Leben für sich und seine Mitmenschen, was für viele den Sinn des Lebens darstellen wird.

Am Ende dieses Buchs besitzt du vermutlich noch nicht die beschriebenen Fähigkeiten, doch du weißt, wie du sie schrittweise erlernen kannst und welche lebensverändernden Geschenke sie mit sich bringen.

Dir wurden der Weg und das Ziel gezeigt.

Jetzt bist du an der Reihe einen Fuß vor den nächsten zu setzen und loszulaufen.

BONUS

Das war dein kleiner Ratgeber zur Rückgewinnung deines Glücks.

Ich hoffe du konntest mir den vermutlich ein oder anderen Rechtschreibfehler verzeihen.

Ich liebe die Einzigartigkeit in den Menschen und liebe es umso mehr, wenn sie den Mut aufbringen, sich weiterzuentwickeln und sich mit dem eigenen Menschlichen näher zu befassen.

Da du genau das tust und mein Ziel wirklich darin besteht dir diesbezüglich bestmöglich unter deine Flügel zu greifen, biete ich dir an, mich jederzeit kostenlos zu kontaktieren.

Du erreichst mich unter hilfe@fabianstraumfabrik.de

Ich wünsche Dir alles Glück dieser Welt.

Dein Fan

Fabian

Printed in Poland
by Amazon Fulfillment
Poland Sp. z o.o., Wrocław